BEI GRIN MACHT SICH IHR WISSEN BEZAHLT

Bibliografische Information der Deutschen Nationalbibliothek:

Die Deutsche Bibliothek verzeichnet diese Publikation in der Deutschen National-
bibliografie; detaillierte bibliografische Daten sind im Internet über http://dnb.d-
nb.de/ abrufbar.

Impressum:

Copyright © 2018 GRIN Verlag
Druck und Bindung: Books on Demand GmbH, Norderstedt Germany
ISBN: 9783346179999

Dieses Buch bei GRIN:

https://www.grin.com/document/542547

Jonas Malcher

Qualitative Forschung zum Thema Burnout in Unternehmen. Ein Praxisbeispiel

GRIN Verlag

GRIN - Your knowledge has value

Der GRIN Verlag publiziert seit 1998 wissenschaftliche Arbeiten von Studenten, Hochschullehrern und anderen Akademikern als eBook und gedrucktes Buch. Die Verlagswebsite www.grin.com ist die ideale Plattform zur Veröffentlichung von Hausarbeiten, Abschlussarbeiten, wissenschaftlichen Aufsätzen, Dissertationen und Fachbüchern.

Besuchen Sie uns im Internet:

http://www.grin.com/

http://www.facebook.com/grincom

http://www.twitter.com/grin_com

QUALITATIVE FORSCHUNG

Qualitative Methoden zur Erforschung von Burnout-
Phänomenen innerhalb eines Unternehmens

FOM Hochschule für Oekonomie & Management

Studiengang: Betriebswirtschaft & Wirtschaftspsychologie

Fach: Qualitative Forschung

Inhaltsverzeichnis

1. Vorstellung der Forschungsfrage – persönlicher Bezug

Das Syndrom Burn-out ist seit einigen Jahren ein sehr aktuelles gesellschaftliches Thema.

Unsere Aufgabe im Rahmen der Hausarbeit ist es, die Thematik auf ein Unternehmen zu übertragen und zu erforschen inwieweit Burn-out ein Problem in einem von uns ausgewählten Unternehmen ist. Hierfür soll ein Konzept entwickelt werden, welches zum Ziel hat die Frage „Ist Burn-out ein Problem in unserem Unternehmen?" beantworten zu können. Es geht somit um die Ausarbeitung eines Modells, welches möglichst praxisnah eingesetzt werden kann.

Das Thema ist nach meiner eigenen Erfahrung durchaus relevant für diverse Unternehmen. In den letzten Jahren habe ich Fälle mitbekommen, in denen aufgrund fehlender Sensibilisierung im Umgang mit Betroffenen verschiedene Warnsignale nicht erkannt wurden. Aus diesem Grund liegt mir das Thema auch persönlich am Herzen. Ich habe bereits im Vorfeld mit meinen Vorgesetzen gesprochen, welche mich darum gebeten haben einen kurzen Beitrag bei einer der kommenden Teamsitzungen vorzustellen. Somit hat diese Hausarbeit hoffentlich auch nach dem Semester noch eine sinnvolle Verwendung und kann Mitarbeiter dazu bewegen sich mit der Thematik auseinander zu setzen.

2. Definition von Burn-out

Um sich dem Thema grundsätzlich zu nähern, muss zunächst verstanden werden, was genau mit dem Begriff Burn-out gemeint ist.

Das Thema Burnout ist mittlerweile in vielen Berufen (Studien für Ärzte, Anwälte, Lehrer, Pflegepersonal etc.) angekommen und gut erforscht. Es sind demnach viele verschiedene Definitionen, Erklärungsansätze und wissenschaftliche Modelle entstanden. Eine richtige Diagnose, wie sie bei anderen Krankheiten üblich ist, kann bei dem Burn-out Syndrom jedoch nicht getroffen werden. Das Syndrom ist also nicht als Krankheit im internationalen Diagnoseklassifikationssystem der WHO (ICD-10) erfasst (Elsässer & Sauer, 2013).

Die wohl bekannteste Definition von Burn-out kommt von der US-Amerikanerin Christina Maslach. Sie fasste das Syndrom mit drei einhergehenden Kriterien zusammen: 1. Emotionale Erschöpfung; 2. Entpersönlichung; 3. Ineffizienz (Bauer, 2015).

Anhand der beschriebenen Kriterien hat Frau Maslach einen Fragebogen entwickelt, welcher als Messinstrument von Burn-out dienen soll und welcher weltweit der wohl verbreitetste Ansatz ist. Diverse Modelle wurden anhand der Grundidee von Maslachs Forschung entwickelt.

Eine ähnliche Definition hat die Wissenschaftlerin Ina Rösing vorgenommen. Die drei Aspekte die sie als Hauptsymptome identifiziert hat, stimmen nahezu mit den Punkten von Maslach überein. Neben der Erschöpfung (physisch und psychisch) und einer Ineffektivität in Bezug auf die Arbeit wurde die Definition mit dem Aspekt des Zynismus ergänzt (Rösing, 2003). Dieser Zynismus wird oftmals in Aussagen betreffend der eigenen Arbeit sowie gegenüber dem Arbeitgeber deutlich. Grundsätzlich geht es bei vielen Modellen um eine Erfassung des Stressniveaus am Arbeitsplatz (Scherrmann, 2015). Dieser Stress entsteht durch unterschiedliche Voraussetzungen, wie zum Beispiel einem Ungleichgewicht zwischen Verausgabung und Anerkennung.

Genaue Erklärungsansätze warum es zum Burn-out kommt gibt es daher auch nicht. Eins der gebräuchlichsten Modelle ist hierbei der Burnout-Zyklus nach Freudenberger und North. Beginnend mit dem Zwang sich zu beweisen (Ehrgeiz) und dem verstärkten Einsatz tritt ein schleichender Prozess der Vernachlässigung der eigenen Bedürfnisse ein. Weiter führt dies zu Verdrängung von Bedürfnissen und Konflikten sowie der Umdeutung von Werten. Im weiteren Verlauf kommt es zu verstärkt auftretender Verleugnung der existierenden Probleme sowie zum sozialen Rückzug. Dies alles resultiert im nächsten Stadium dann zu beobachtbaren Verhaltensänderungen, die sich durch weite Bereiche des Alltags ziehen. Dies mündet dann letztendlich in den nächsten Stadien, welche mit einer inneren Leere sowie dem Verlust des Gefühls für die eigene Persönlichkeit einhergehen. Im Endstadium führt dies zum völligen Burnout und zur Depression. Dieser prototypische Verlauf muss nicht bei jedem Individuum in der aufgeführten Reihenfolge stattfinden. Einige Phasen werden mehr, andere Phasen weniger stark durchlebt. Keineswegs sollte der Eindruck entstehen, dass ein Burn-out sowie eine Depression immer zusammen auftreten oder die Begriffe gar synonym zu verwenden sind (Freudenberger & North, 1995).

Diesbezüglich ist es wichtig den Begriff des Burn-outs vom Begriff der Depression abzugrenzen. Umgangssprachlich werden diese Begriffe tatsächlich oft als Synonym verwendet. Ein Burn-out kann natürlich zu einer Depression werden, muss dies aber nicht zwangsläufig. Ein typisches Merkmal einer Depression sind Selbsttötungsgedanken. Beim Burn-out geht es jedoch vielmehr um allgemeine Erschöpfungserscheinungen, die wie bereits erwähnt nicht zwangsläufig in einer solch extremen Ausprägung auftreten.

Daraus lässt sich ableiten, dass ein frühzeitiges Erkennen der Symptomatik Burn-out einen anhaltenden negativen Verlauf der Erkrankung verhindern kann (Schneider, 2014).

3. Vorstellung des Unternehmens

Um die Aufgabenstellung praxisnah umzusetzen, muss darüber nachgedacht werden in welchem Unternehmen die Methodik angewendet werden soll.

Sicher gibt es diverse methodische Ansätze sich mit dem Thema Burn-out auseinander zu setzen. Aufgrund der folgenden Charakteristika des Unternehmens, welches zur Durchführung bzw. Erforschung betrachtet wird, ist eine Mischung verschiedener qualitativer Methoden als besonders praktikabel anzusehen.

Bei dem beschriebenen Unternehmen handelt es sich um eine Tochtergesellschaft eines weltweit agierenden Versicherungskonzerns. Weltweit sind ca. 4.000 Mitarbeiter für das Unternehmen tätig.

Geprägt von der Unternehmenskultur ist ein familiärer Umgang mit den Kollegen und Vorgesetzten als Besonderheit hervorzuheben. Das Unternehmen ist seit der Gründung im Jahr 1935 im Familienbesitz und ist damit Deutschlands größter Versicherer dieser Art.

Da eine Umsetzung der Methodik auf 4.000 Mitarbeiter eine große Komplexität mit sich bringt, hat sich der Verfasser dafür entschieden sich auf einen Teil des Konzerns zu beschränken. Genauer gesagt befassen wir uns mit einem Tochterunternehmen der Holding.

Bei dem Tochterunternehmen sind ca. 200 Mitarbeiter angestellt. Die Gesamtheit der Mitarbeiter ist auf diverse Teams und Fachbereiche aufgeteilt.

Teamgrößen variieren von drei Mitarbeitern bis zu 28 Mitarbeitern. Aufgrund der unterschiedlichen Teamgrößen und Zusammensetzung (Herkunft, Alter, Geschlecht, Bildungsstand etc.) bedarf es einem größeren Repertoire an Methoden das Thema Burn-out zu erforschen. Diese werden im Folgenden in ihrer Komplexität und Ganzheitlichkeit erläutert.

4. Methodik

4.1 Gesundheitstag / Fragebogen

Um die Thematik zu erforschen hat sich der Autor ein Konzept aus verschiedenen Instrumentarien ausgesucht.

Im Rahmen eines Gesundheitstages soll das Thema gezielt angesprochen werden. Bei diesem Gesundheitstag, welcher bereits im Unternehmen existiert und jährlich stattfindet, werden diverse Aspekte rund um die Gesundheit am Arbeitsplatz behandelt. Rücken- und Augenprobleme sowie Stress und gesunde Ernährung spielen dabei eine zentrale Rolle. Da in der Versicherungsbranche bekannt ist, dass besonders auch psychische Erkrankungen einen

Großteil der Arbeitsunfähigkeiten ausmacht, gewinnt das Thema auch am Gesundheitstag immer mehr an Bedeutung.

Vorbereitende Arbeiten zur Durchführung der Methoden sind in diesem Zusammenhang essentiell. Andernfalls lassen sich die Beobachtungen und Methoden nicht gezielt einsetzen. Zunächst suchte sich der Verfasser die berufsbedingten Faktoren heraus, welche in Bezug auf Burn-out eine tragende Rolle spielen.

Dabei wurden vier Aspekte herausgefiltert, die als mögliche Auslöser oder Risikoaspekte des Burn-out-Syndroms als besonders entscheidend erachtet werden können:

- Hohe Verantwortung/ Entscheidungsgewalt (besonders bei Führungskräften)
- Hoher inhaltlicher und zeitlicher Arbeitsaufwand
- Hohe Leistungsanforderungen (Abgleich Anforderungen der Arbeit mit der jeweiligen Mitarbeiterqualifikation)
- Hohe Doppelbelastung im Beruf und Alltag (Familie + Beruf, Beruf + Studium etc.)

Als nächstes stellte sich die Frage anhand welcher Informationen und Beobachtungen die zuvor genannten Aspekte untersucht werden können. Ein Ansatz dies zu tun, ist die Auswertung von Krankheitsbeständen, Arbeitszeitkonten, Urlaubs- sowie Pausenzeiten. Die nötigen Einblicke können von den jeweiligen Team- oder Abteilungsleitern zur Verfügung gestellt werden.

Besonders lange Krankheitszeiten (Dauererkrankungen) sind hierbei zu beachten. Oftmals spielen bei längeren Krankheiten auch psychische Erkrankungen eine Rolle. Bei der Auswertung der statistischen Daten werden also alle Auffälligkeiten notiert, welche als Anhaltspunkte für Burn-out gelten können.

Weitere Aspekte zur Überlastung und Stresslevel Messung werden anhand eines Fragebogens erfasst, welcher am Gesundheitstag von allen anwesenden Mitarbeitern ausgefüllt werden soll. Der Fragebogen greift typische Anzeichen des Burn-out-Syndroms auf und soll möglichst spontan beantwortet werden (am Ende des Abschnitts ist ein entsprechendes Exemplar hinterlegt).

Die Ausarbeitung der einzelnen Fragen ist in Hinblick auf die zuvor erarbeiteten wichtigsten Aspekte getroffen worden. Frage 1 „Ich bin zufrieden mit meinen Arbeitsleistungen und Erfolgen" erfasst vor allem den dritten Aspekt, da es die Leistungsanforderungen und Selbsteinschätzung der Befragten betrifft. Die zweite Aussage „Ich finde häufig keine Lösung für meine Probleme" betrifft hingegen die Aspekte 2-4. Hiermit möchte der Autor den empfundenen Arbeitsaufwand hinsichtlich inhaltlicher und zeitlicher Aspekte sowie eine mögliche Überforderung aufgrund der Schwierigkeit der Arbeitsabläufe oder aber der kaum vorhandenen Work-Life-Balance herausfiltern.

Die Fragen 3 und 4 zielen ebenfalls auf eine möglicherweise bestehende Doppelbelastung ab. Gleichermaßen Personen mit hoher Entscheidungsgewalt und Mitarbeiter, die dem immer größer werdenden Druck durch diverse Einflussfaktoren (Fachwissen, Digitalisierung, Rationalisierung der Abteilungen etc.) ausgesetzt sind, sollen hier auf Burn-out-Symptome getestet werden.

Die Fragen 5, 8 und 9 wurden bewusst ausgewählt, um das Stressniveau zu testen, da bei den entsprechenden Antwortmöglichkeiten deutlich wird, inwieweit beruflicher Stress auch außerhalb des Jobs wahrgenommen wird. Schlafstörungen und weniger Zeit für Freizeitaktivitäten sind ebenfalls als Warnsignal anzusehen und betreffen natürlich auch den Aspekt der Work-Life-Balance. Frage 6 „Die Arbeitsanforderungen sind immer schwieriger zu erfüllen" prüft vorwiegend wie das subjektive Empfinden zwischen der eigenen Leistungsstärke und den gestellten Anforderungen ist. Eine Dysbalance führt auch in diesem Bereich schnell zur Unzufriedenheit und kann psychische Belastungen wie Stress oder aber der Verlust von Effizienz bei der Aufgabenbewältigung zur Folge haben.

Auch Frage 7 „Ich reagiere schnell gereizt" soll das bereits bestehende Stressniveau des Befragten abbilden.

Zusammenfassend ist der Fragebogen also eine Übertragung der wichtigsten Aspekte in Bezug auf die Erkennung des Burn-out-Syndroms im Unternehmen. Da allerdings nicht alle Mitarbeiter des Unternehmens an der Befragung teilnehmen können, werden weitere Methoden rund um den Gesundheitstag implementiert.

Alternativ wird der Fragebogen auch im unternehmensinternen Online Campus zur Verfügung stehen. Hier ist besonders die größere Anonymität bei der Ausfüllung von Vorteil. Die Fragebögen, welche beim Gesundheitstag per Hand ausgefüllt werden, dürfen aufgrund von bestehenden Datenschutzbestimmungen nicht personenbezogen ausgewertet werden. Erste Erkenntnisse, ob Burn-out ein mögliches Problem in dem Unternehmen ist, können aber durchaus abgeleitet werden. Zudem geht es bei dem Thema auch viel um Selbstreflektion. Man sollte sich also bewusst Zeit nehmen über den beruflichen und privaten Alltag nachzudenken, um Stress zu identifizieren.

Fragebogen

Bitte beantworten Sie die folgenden Fragen möglichst spontan

Bitte wählen Sie für jede Frage die für Sie passende Zahl

1- Trifft nicht zu
2- Trifft eher nicht zu
3- Weder noch / unentschlossen
4- Trifft eher zu
5- Trifft zu

Frage 1

Ich bin zufrieden mit meinen Arbeitsleistungen und Erfolgen

Trifft überhaupt nicht zu	Trifft eher nicht zu	Weder noch / unentschlossen	Trifft eher zu	Trifft vollkommen zu

Frage 2

Ich finde häufig keine Lösungen für meine Probleme

Trifft überhaupt nicht zu	Trifft eher nicht zu	Weder noch / unentschlossen	Trifft eher zu	Trifft vollkommen zu

Frage 3

Ich denke häufig darüber nach alles hinzuschmeißen

Trifft überhaupt nicht zu	Trifft eher nicht zu	Weder noch / unentschlossen	Trifft eher zu	Trifft vollkommen zu

Frage 4

Ich fühle mich bei der Arbeit oft überfordert

Trifft überhaupt nicht zu	Trifft eher nicht zu	Weder noch / unentschlossen	Trifft eher zu	Trifft vollkommen zu

Frage 5

Es fällt mir schwer nach der Arbeit abzuschalten

Trifft überhaupt nicht zu	Trifft eher nicht zu	Weder noch / unentschlossen	Trifft eher zu	Trifft vollkommen zu

Frage 6

Die Arbeitsanforderungen sind immer schwieriger zu erfüllen

Trifft überhaupt nicht zu	Trifft eher nicht zu	Weder noch / unentschlossen	Trifft eher zu	Trifft vollkommen zu

Frage 7

Ich reagiere schnell gereizt (in Kundentelefonaten/ gegenüber Kollegen)

Trifft überhaupt nicht zu	Trifft eher nicht zu	Weder noch / unentschlossen	Trifft eher zu	Trifft vollkommen zu

Frage 8

Ich habe häufig Probleme nachts einzuschlafen

Trifft überhaupt nicht zu	Trifft eher nicht zu	Weder noch / unentschlossen	Trifft eher zu	Trifft vollkommen zu

Frage 9

Ich habe verglichen mit früher weniger Zeit für Hobbies und Freunde

Trifft überhaupt nicht zu	Trifft eher nicht zu	Weder noch / unentschlossen	Trifft eher zu	Trifft vollkommen zu

Fragebogen Burnout/ Stressniveau

4.2 Einsetzen von Biodots

Um sich mit dem Thema zu beschäftigen und sich selbst zu reflektieren wird am Gesundheitstag mit Produkten von „Biodot" gearbeitet.

Hierbei handelt es sich um kleine Aufkleber die auf den Handrücken zwischen Zeigefinger und Daumen angebracht werden und je nach Stresslevel eine unterschiedliche Färbung erreichen. Mit ausgehändigt werden Broschüren, welche die jeweiligen Farben und Stresslevel erläutern. Hier wird also bewusst an das Thema Stress und Burn-out herangeführt, indem die körperlichen Reaktionen in verschiedenen beruflichen Situationen abgelesen werden können. Die Biodots dienen wie bereits erwähnt mehr als Mittel um eine Sensibilisierung mit dem Thema zu erzielen. Die Mitarbeiter kommen darüber hinaus in Gespräche über das Produkt und über die jeweiligen Verfärbungen der Biodots. Durch die angeregten Gespräche können Betroffene Hilfe erfahren oder feststellen, dass beruflicher Stress kein Phänomen ist, welches nur sie selbst betrifft.

4.3 Teilnehmende Beobachtung

4.3.1 Vorbereitung

Als zentrale Methodik hat der Verfasser die teilnehmende Beobachtung ausgewählt.

Diese sollte zeitnah an den Gesundheitstag gekoppelt sein, damit die dort erläuterten Themen bei den jeweiligen Mitarbeitern noch präsent sind.

Die Methode ist der Feldforschung zugeordnet und eignet sich besonders gut, wenn nah am Forschungsgegenstand gearbeitet werden möchte. Wie der Name vermuten lässt handelt es sich bei der teilnehmenden Beobachtung um eine aktive Teilnahme in einer jeweiligen Situation. Der Forscher geht also direkt in die Situation rein und beobachtet praktisch ohne Distanz zur Versuchsperson. Durch diese innere Perspektive können Bereiche und Themen erschlossen werden, welche andernfalls überhaupt nicht zugänglich wären. Um die Methode als qualitatives Forschungsinstrument einzusetzen, muss gewährleistet sein, dass die Beobachtungen explorativ erfolgen können und nicht durch einen zu strikten Leitfaden gelenkt werden. Natürlich sollte das Grundgerüst eines Leitfadens bestehen, damit der Versuchsleiter zumindest auf einige Verhaltensweisen achten kann (Scholz, kein Datum). Die Ergebnisse, das heißt die Beobachtungen sollten allerdings frei formuliert werden können. Eine ähnliche Vorgehensweise wird bei teilstrukturierten Interviews gewählt. Für das Thema Burn-out ist es allerdings sinnvoller, wenn die Leute bei der zu verrichtenden Arbeit beobachtet werden und somit eine möglichst natürliche Atmosphäre geschaffen wird. Menschen die gefährdet sind von Burn-out betroffen zu sein, oder bereits darunter leiden werden in den seltensten Fällen offen darüber sprechen. Deshalb benötigt es eine Methodik welche subtiler vorgeht. Gerade für eine solch explorative Aufgabenstellung, wie der Frage, ob Burn-out ein Problem im Unternehmen ist, sollte diese Forschungsweise besonders gut geeignet sein.

Die Person, welche die Beobachtung durchführen soll, muss geschult sein bzw. geschult werden. Ein Psychologe oder Betriebsarzt kann mit der Aufgabe betreut werden. Ein Leitfaden bzw. eine grobe Übersicht auf welche Aspekte geachtet werden soll ist durchaus sinnvoll. Zudem muss geklärt werden in welchem Bereich und welcher Situation die teilnehmende Beobachtung stattfinden soll. Grundsätzlich gilt bei dieser Methodik, dass es vorteilhaft ist das natürliche Umfeld der zu beobachtenden Personen beizubehalten. Zu beobachten sind die Arbeitsabläufe sowie die Organisation der Mitarbeiter in Bezug auf ihr Arbeitspensum. Der Versuchsleiter sollte als ein interner Mitarbeiter vorgestellt werden, der sich die Betriebsabläufe im gesamten Konzern anschaut. Die Mitarbeiter erhalten lediglich die Instruktionen sich wie im normalen Berufsalltag zu verhalten. Durch die Information, dass es sich um einen internen Mitarbeiter handelt, welcher sich die allgemeinen Abläufe anschaut soll verhindert werden, dass sich das Mitarbeiterverhalten gravierend ändert. Es soll nicht der Eindruck entstehen als würden die einzelnen Mitarbeiter beobachtet werden. Folglich werden während der teilnehmenden Beobachtung auch keine Notizen gemacht. Die Mitarbeiter werden aber darüber informiert, dass der Leiter Gesprächsmitschnitte und Videoaufzeichnungen im Rahmen der Qualitätssicherung machen muss. Diese Mitschnitte werden in der Nachbereitung der Beobachtung ausgewertet.

Die folgenden Aspekte sollten vom Leiter verinnerlicht werden.

Zum einen sollte die Arbeitszeit im Verhältnis zum Arbeitsaufkommen abgeglichen werden. Um eine Vergleichbarkeit der Ergebnisse herzustellen kann hier mit bereits vorhandenen Daten aus der Hauptabteilung gearbeitet werden.

Im Rahmen einer Dimensionierung (Analyse wieviel Mitarbeiterkapazitäten je Abteilung gebraucht werden) welche alle zwei Jahre stattfindet, ist gut zu erkennen, welcher Zeitaufwand im Durchschnitt für die anstehenden Tätigkeitsbereiche benötigt wird.

In der Dimensionierung, welche als Art Online Fragebogen ausgeführt wird, werden alle Mitarbeiter dazu aufgefordert für die vorgegebenen Tätigkeiten wöchentliche oder monatliche Zeiten einzutragen. Beispielsweise wird dabei erfragt, mit welchem Zeitaufwand die Kerntätigkeit (Sachbearbeitung – Neuschäden/Folgepost, Telefonie etc.) verbunden ist. Aber auch Aspekte wie Projektarbeit werden durch den Fragebogen erfasst. Die eigentliche Idee hinter der Dimensionierung ist, die benötigte Mitarbeiterkapazität zu errechnen. Die ermittelten Ergebnisse werden also mit dem prognostizierten Arbeitsaufkommen abgeglichen. Hieraus ergibt sich der Vorteil, dass die Ergebnisse aufgrund der Benutzung für die Personalplanung praxisnah sind und auf andere Kontexte übertragen werden können. So lässt sich beispielsweise aus der durchschnittlichen Bearbeitungszeit eines Geschäftsprozesses (z.b. Bearbeitung einer Schadensakte, telefonische Aufnahme eines Schadens etc.) ableiten wie sehr die beobachteten Personen von dieser Norm abweichen.

Der Beobachter sollte hier allerdings unterscheiden können, ob die Komplexität eines Geschäftsprozesses ursächlich für die zeitliche Abweichung ist, oder ob andere Ursachen zu vermuten sind.

Gerade im telefonischen Umgang mit Kunden soll beobachtet werden, ob die Mitarbeiter schnell gestresst werden. Hierbei sollte auf die Gestik und Mimik sowie die Tonlage und Wortwahl der Mitarbeiter geachtet werden. Auch zynische Bemerkungen gegenüber dem Arbeitgeber sollten während der Beobachtung registriert werden. Diese gelten, wie zuvor erwähnt, oftmals als Anzeichen des Burn-out-Syndroms.

Gerade in den Zeiten zwischen den Telefonaten sollte gezielt darauf geachtet werden, welche Äußerungen über den Job getätigt werden.

Darüber hinaus soll gezielt auf die Körperhaltung und das Pausenverhalten geachtet werden. Der Arbeitsplatz sollte mehrmals täglich verlassen werden, um keiner zu hohen Belastung ausgesetzt zu sein. Auffälliges Verhalten wie z.B. zu kurze bis gar keine Pausen werden hierbei besonders stark beachtet.

Die Auswahl der zu beobachtenden Personen ist der nächste zu klärende Aspekt. Da das gewählte Verfahren sehr zeitaufwendig ist muss hier eine Vorauswahl erfolgen.

Es werden verschiedene Mitarbeiter mit ähnlichen Tätigkeiten (auch aus unterschiedlichen Teams) in gleichgroße Gruppen aufgeteilt. Hiervon wird eine zufällige Stichprobe ausgewählt, woraus die zu beobachtenden Personen hervor gehen.

4.3.2 Durchführung

Für den Einsatz sind die zwei Folgetage nach dem Gesundheitstag vorgesehen.

Der Leiter sitzt bei vier verschiedenen Personen jeweils vier Stunden mit am Arbeitsplatz.

Da es sich nicht um Einzelbüros handelt, sondern um 2er und 3er Büros, werden indirekt noch mehr Personen beobachtet. Der Fokus ist aber natürlich auf die Beobachtung der zufällig ausgewählten Personen zu legen. Bei den Testpersonen handelt es sich gleichermaßen um Frauen sowie um Männer. Ausgenommen von den potentiellen Versuchspersonen sind lediglich Teleworker (Mitarbeiter mit Home-Office Platz), welche nicht regelmäßig im Büro der Hauptverwaltung arbeiten. Diese eignen sich weniger gut für die Beobachtungen, da sie sich nicht in ihrer alltäglichen Arbeitsumgebung befinden. Der Beobachter welcher in diesem Fall ein externer Psychologe ist, gibt an für die IT-Abteilung zu arbeiten. Er erläutert im Gespräch mit den jeweiligen Versuchspersonen, dass er Prozesse optimieren möchte. Er gibt vor nicht die Arbeit an sich zu beachten, sondern eher die Art und Weise wie die Arbeiten ausgeführt werden. So kann er auf eventuelle Probleme der Sachbearbeiter in Hinblick auf die Vereinfachung von Arbeitsprozessen eingehen. Er sitzt direkt neben dem jeweiligen Sachbearbeiter und schaut bei der anfallenden Arbeit zu. Da den Sachbearbeitern so der Druck genommen werden soll unter Beobachtung zu arbeiten, sondern Interesse vermittelt wird und Lösungsvorschläge bzw. Verbesserungen aktiv gewünscht sind, sollte eine relativ normale Arbeitssituation entstehen. Um die Glaubhaftigkeit zu steigern, bekommt der externe Psychologe ein Profil im Intranet, sodass keine Zweifel an seiner Funktion aufkommen. Die Video- und Audiomitschnitte sowie die Beobachtungen, die der Versuchsleiter im Nachhinein notiert und anhand der zuvor genannten Materialien vervollständigt, werden auch nach erfolgter Beobachtung nicht öffentlich gemacht. Der eigentliche Grund des Besuchs bleibt somit nur den Führungskräften nicht verborgen. Grund hierfür ist die Chance auf eine Wiederholung der Beobachtungen nach einem der Gesundheitstage der Folgejahre. Um die wissenschaftlichen Gütekriterien (Objektivität, Reliabilität und Validität) einzuhalten, werden die Daten zudem von einem zweiten unabhängigen Experten begutachtet. Somit werden die möglicherweise zum Teil verfälschten Ergebnisse durch subjektive Eindrücke und die direkte Interaktion mit den zu beobachtenden Personen bereinigt. Die danach verbleibenden zweifach gesicherten und überprüften Daten können somit objektiver ausgewertet werden.

Die Auswertung der gesammelten Erkenntnisse erfolgt wiederum unter Berücksichtigung der bereits bestehenden Daten (Arbeitszeiten, Bearbeitungsdauer pro Geschäftsprozess etc.). An dem Auswertungs-Prozess sollten auch Vorgesetzte oder Mitarbeiter der Personalabteilung beteiligt werden. Diese haben neben den vom Experten gesammelten Eindrücken auch wichtige Information über die langfristige Entwicklung einzelner Mitarbeiter sowie mögliche Ursachen für Ergebnisse, die nicht zu erwarten waren. Hiermit sind insbesondere schwierige Phasen des Privatlebens, die die beobachteten Ergebnisse erklären bzw. beeinflussen können gemeint. Eine sinkende Effizienz der Mitarbeiter sollte vor allem den Führungskräften nicht verborgen bleiben. Besonders externe Einflussfaktoren sollten durch Mitarbeitergespräche bekannt sein.

5. Postulate nach Mayring

Welche Postulate sind dem Autor besonders wichtig bei der Herangehensweise der qualitativen Forschungsmethoden?

Im Verlauf der Ideenentwicklung und Durchführung sind dem Verfasser besonders drei Aspekte bzw. Postulate nach Mayring besonders wichtig gewesen.

Zum einen ist der Aspekt der Offenheit ein äußerst wichtiger, um sich einem bestimmten Forschungsgebiet zu nähern. Gerade bei der gegebenen Fragestellung, welche keine vorgegebene Hypothese ist, die lediglich falsifiziert werden soll, ist der Grad der Offenheit von großer Bedeutung. Natürlich gibt es verschiedene Erwartungen die vor der Untersuchung des Themas theoretisch durchgespielt werden, jedoch wurde eine Methodik gewählt, welche die Richtung nicht zu stark vorgibt. Die Beobachtungen sollten folglich explorativ erfolgen und möglichst unvoreingenommen von einem Experten durchgeführt werden, welcher keine emotionale oder sonstige Bindung zu den Versuchspersonen hat (Mayring, 2016).

Dementsprechend ist auch das sechste Postulat nach Mayring (Forscher-Gegenstands-Interaktion) besonders wichtig.

Der Forscher sollte durch den Leitfaden bzw. das vor der Beobachtung erfolgte Briefing lediglich eine grobe Vorlage bekommen, ohne einem dynamischen Prozess und vielleicht das Auftreten unerwarteter Ereignisse zu verhindern.

Die Versuchsperson sowie der Leiter der Beobachtung werden dementsprechend gleichzeitig von einem Interaktionsprozess beeinflusst. Dieser Prozess ist auch als Gegenübertragung im Rahmen der Psychoanalyse ein Begriff. Eine völlige Ausblendung der Gedanken und Gefühle kann somit unmöglich stattfinden. Es muss sich also jederzeit bewusst vor Augen geführt werden, dass es objektive Ergebnisse so gut wie nie gibt. Aus diesem Grund wurden bei der Methodik auch zwei unabhängige Experten gebeten die Ergebnisse zu interpretieren. Es kann lediglich versucht werden die Ergebnisse so objektiv wie möglich zu gestalten, so dass diese dann auch eine allgemeine Gültigkeit erlangen können (Mayring, 2016).

Als wichtigsten Punkt der qualitativen Forschung kann das Postulat 11 (Induktion) angesehen werden.

Hierbei macht sich der wesentliche Unterschied zwischen einer qualitativen und einer quantitativen Methodik/Herangehensweise bemerkbar. Es ist durchaus so, dass man bei Wissenschaft oft an Hypothesen denkt welche bestätigt bzw. falsifiziert werden müssen. Um sich verschiedenen Forschungsbereichen und Themen zu nähern ist der induktive Ansatz allerdings deutlich sinnvoller und kann ebenfalls hochspannende Ergebnisse liefern. Gerade in Bereichen, wo das Gefühl entstehen kann, das dort gewisse Dynamiken und Phänomene auftreten welche man vorher nicht bezeichnen kann, ist es definitiv sinnvoll aus einzelnen Beobachtungen auf die Gesamtheit zu schließen und so folgerichtige Hypothesen erst aus den gesammelten Daten abzuleiten. Die Schwierigkeit besteht dann wiederum darin die Ergebnisse auch so zu überprüfen, dass sie wirklich verallgemeinert werden können. Aus diesem Grund wurde bei der gewählten Methodik versucht mehrere Personen und Herangehensweisen zu kombinieren. Auch eine periodisch wiederkehrende Versuchswiederholung unter gleichen Bedingungen trägt zur Überprüfung und Bestätigung der Ergebnisse bei (Mayring, 2016).

6. Fazit

Ist die gewählte Kombination der verknüpften qualitativen Forschungsmethoden sinnvoll um herauszufinden, ob Burn-out ein Problem im gewählten Unternehmen ist?

Beschäftigt man sich ausführlich mit der Thematik Burn-out so wird schnell deutlich, dass es zwar diverse Forschungsansätze gibt, es allerdings keine Art allgemeingültiges Wundermittel gibt, um die Ursachen der Erkrankung sicher zu bestimmen.

Ich denke, dass gerade das Aufgreifen eines schon bestehenden Gesundheitstages besonders praktikabel und leicht umsetzbar ist. Eine Erweiterung des Angebotes um das Thema Burn-out und des Ausfüllens eines dazugehörigen Fragebogens stellt zumindest vom zu erwartenden Arbeitsaufwand und auch monetär keine große Herausforderung dar. Als problematisch sehe ich allerdings an, dass nicht alle Mitarbeiter dazu zu bringen sind diesen Fragebogen auszufüllen. Gerade betroffene Personen werden vermutlich weniger aktiv bei einem Gesundheitstag mitwirken und ebenfalls seltener einen solchen Fragebogen beantworten. Es ist also durchaus sinnvoll den Fokus auf ein online-basierten Fragebogen zu legen, welcher auch unbeobachtet im Büro ausgefüllt werden kann. Der Fragebogen, welcher vor Ort ausgefüllt werden kann, sollte also vielleicht mehr als eine Art Werbung für den online hinterlegten Stresstest angesehen werden. Da der Gesundheitstag mit einem großen Stand im Foyer vertreten ist, sollte potentiell auch jeder Mitarbeiter mitbekommen, dass ein solches Angebot besteht. Als Verbesserung des Angebotes sollte dieser Fragebogen im unternehmensinternen Intranet rund um das Jahr zur Verfügung stehen und nicht ausschließlich im Zeitraum des Gesundheitstages angeboten werden.

Die Verwendung von „Biodots" ist zur Erkennung von Burn-out weniger gut geeignet. Dieser Ansatz zielt tatsächlich lediglich auf das eigene Auseinandersetzen mit der Thematik ab. Die zu Grunde liegende Fragestellung/Forschungsfrage kann damit jedoch nicht beantwortet werden. Dieses Mittel sollte nichtsdestotrotz zur Abrundung des Gesundheitstages eingesetzt werden, um auch eine Art spielerische Auseinandersetzung mit Gesundheitsthemen zu fördern, was zur Auflockerung des sonst sehr ernsten Themas führt.

Das Herzstück der Methodik ist die teilnehmende Beobachtung. Diese dürfte sich in der Praxis als äußerst zeitaufwendig und auch kostenintensiv gestalten. Benötigt werden insbesondere geschulte Beobachter und die gesammelten Daten müssen natürlich auch aufbereitet und ausgewertet werden. Da hier allerdings teilweise auf bestehende Daten und Zahlen zurückgegriffen werden kann, ist dieser Aufwand noch kein K.O.-Kriterium. Die Methodik hat vermutlich die größte Schwachstelle in der Tatsache, dass nicht alle Mitarbeiter damit beobachtet werden können. Durch die einzelnen Beobachtungen kann jedoch grundsätzlich erkannt werden, ob Personen in der Abteilung bzw. im Unternehmen gefährdet sind. Wie groß die Problematik dann jedoch ist, das heißt wie viele Personen eventuell Hilfe benötigen, lässt sich daraus jedoch nur schwer ableiten. Wie bereits in der Einleitung beschrieben ist dies allerdings auch mit den besten Methoden nicht zweifelsfrei möglich. Die Sensibilisierung im Umgang mit Betroffenen und auch die Selbstreflektion des eigenen beruflichen und privaten Alltags kann jedoch durch die gewählte Methodik gewährleistet werden. Durch das Auswerten und Bereitstellen von Statistiken sowie der Zusammenarbeit mit dem Versuchsleiter werden auch die jeweiligen Führungskräfte mit dem Thema Burn-out vertraut gemacht. Diese sollten schließlich als direkte Vorgesetzte am besten erkennen, ob es Handlungsbedarf gibt. Abschließend denke ich, dass die gewählte Methodik die Forschungsfrage (Ist Burn-out ein Problem in unserem Unternehmen?) beantworten kann. Kosten und Nutzen stehen meiner Meinung nach in einer gesunden Relation zueinander. Natürlich müssen externe Psychologen/Beobachter herangezogen und bezahlt werden, jedoch sollte langfristig das Ziel einer geringeren Ausfallquote durch psychisch erkrankte Mitarbeiter diese monetären Aspekte aufwiegen.

7. Literaturverzeichnis

Bauer, J. (2015). *Arbeit.* München: Karl Blessing Verlag in der Verlagsgruppe Random House GmbH.

Elsässer, J., & Sauer, K. E. (2013). *Die Begriffsgeschichte von Burnout.* Abgerufen am 20. 12 2018 von https://link.springer.com/chapter/10.1007/978-3-86226-851-1_2

Freudenberger, H., & North, G. (1995). *Burn-out bei Frauen: Über das Gefühl des Ausgebranntseins.* Frankfurt/M: Fischer Verlag.

https://biodots.net/product/biodots-regular-temp-100pack/. (21. 12 2018). Von Biodot® of Indiana, Inc. : https://biodots.net/product/biodots-regular-temp-100pack/ abgerufen

Mayring, P. (2016). Einführung in die qualitative Sozialforschung. Weinheim: Beltz Verlag.

Rösing, I. (2003). *Ist die Burnout-Forschung ausgebrannt?* Kröning: Asanger Verlag.

Scherrmann, U. (2015). *„Burnout": Begriff – Definition – Terminologie und Diagnose.* Abgerufen am 20. 12 2018 von https://link.springer.com/chapter/10.1007/978-3-658-14511-8_2

Schneider, E. (2014). *Sicherer Umgang mit Burnout im Unternehmen.* Wiesbaden: Springer VS.

Scholz, G. (kein Datum). Von https://www.uni-koblenz-landau.de/de/koblenz/fb1/gpko/alt/person/dateien-west/dateien-west-archiv/teilnehmende-beobachtung.pdf abgerufen